Brigitte Sandberg

Der seine Stirn an den Baum lehnte

Gedichte

1967 - 2017

Bibliografische Information der Deutschen Nationalbibliothek: Die Deutsche Nationalbibliothek verzeichnet diese Publikation in der Deutschen Nationalbibliografie; detaillierte bibliografische Daten sind im Internet über dnb.dnb.de abrufbar.

© 2017 Brigitte Sandberg

Umschlag: Brigitte Sandberg

Herstellung und Verlag: BoD – Books on Demand, Norderstedt

ISBN: 9 783 743 188 983

Inhalt

Seite

07 Wenn der Schatten zerspränge
08 Glaubst du nicht, dein Herz blüht
09 Bevor der Schnee kam
11 Wenn doch der Himmel über mir
12 Im Sein ein Stein
13 Warum denn ging ich
14 Ich möchte mich nicht an sie kuscheln
19 Wenn der Apfelbaum Birnen trüge
22 Sie aßen das Brot
23 Wenn die Liebe auf einer Wolke käme
25 Weiß ist die Freude im Reinen
22 Schwarz und silbern ist der Kuss
34 Wenn die Nacht kommt (Deutschland)
36 Schwarz wie die Nacht
38 Einsamkeit im Herzen
39 Wenn Heimat nicht mehr auf
40 Wenn die Kastanie dir in den Mund
41 Auf seidenen Füßen
42 Nur wenn das Dunkel
43 Gott ist mein Freund
45 Die Zeit fließ in mein Herz
46 Der Husten durchbellt die Nacht
47 Als ich dich sah
48 Wenn die Zeit in mein Hirn ragte
50 Wenn die Liebe zeitlos
53 Heute lautlos über die Treppe gegangen
55 Grüner Tannenbaum im schwarzen
57 Glaubst du nicht, du könntest
59 Heute Morgen Gott gefunden

60	Ach wenn ich mich doch wirklich
61	Da kehrt sie zurück, die Schöne
63	Der Abendhimmel wächst über mir
66	Wenn die Wasser über die Erde stiegen
68	Wenn es doch
71	Der verfrostete Boden
74	Ach wenn doch die Apfelblüten
76	Es stürmt
81	Der Abend hat seine Gebärde
83	Le soir a son genou
85	Der nachtblasse Herbst
92	Il neige
95	Es schneit
98	Le matin est encore jeune
100	Der Morgen ist noch jung
102	La vie tangue
105	Das Leben schwankt
108	Wenn die Augen müde sind
109	Der Hunger der Nacht
113	Schmucklos prangt die Liebe
116	Übers Wasser getragen
118	Ein wilder Gesell
119	Ach wenn ich doch ein Schatten
120	Wenn die Türen zuschlagen
122	Morgen würde sie sprechen
123	Wenn ihr keinen Himmel sähet
125	Naja, dat war er
128	Für den, der stundenlang (Afrika)
130	Nur einen Moment
135	Aber draußen sind Blitz und Donner
139	Die Nacht schreitet fort
141	Die Blume blüht
151	Gott vertraun

1978 - 1982

160 Gedanken zerrissen (1967)
162 In die Irre Führer
164 Weghacken
165 Klagen und Jammern
167 Das gläserne Kleid
170 Der Tag
171 Mann, du hieltest mir ein Kleid
175 Wo ich gehe
184 Sommerpause in der Politik
185 Ach, ach, meine Gedanken
187 Das Licht flutet zu hell
192 Weiderleben sagt Stefanie
195 Sie wird mit dem Leben immer fertig
200 Ich muss mich noch mehr
201 Als wenn eine schwere Schädigung
203 Schwarz ist drinnen
204 Ich begegne nur Männern
209 Regen prasselt an das Fenster
212 Ich treibe
213 Überraschender Kälteeinbruch
215 Die Haarspange

2017

219 Die Angst im Nacken
221 Wann hört der Schein auf zu sein?
220 Wenn deine Tür eingetreten wird
222 Hörst du das Schießen am Rande der Welt?

223 Millionen Wörter hast du zu vertraun
226 Der Abend fällt
233 Von F.G.R.
247 Die Nacht bricht
256 Ich wollte Termine
257 Es gibt Menschen
258 Ich denke an Hans
262 Elisabeth Badinter trifft Simone Beauvoir
265 Zerstörung von Kulturgütern

**Wenn der Schatten
zerspränge,**
Blüten
dir ins Gesicht
schriebe,
Freunde dir brächte,
die deine Einsamkeit
verleugneten,
dich schmückten,
kränzten,
mit Dornen
in den Augen.

**Glaubst
du nicht,
dein Herz
blüht**
in der
Finsternis?
Und wenn
es Tag wird,
siehst du (wieder)Kirschen?

**Bevor der Schnee
kam,**
wusch sie alles,
was blutig war.
So über
dauerte sie den Winter.
Sie fütterte die
Vögel,
aß
kahles Brot.

Ein Schauer
lief ihr über
den Rücken,
da drehte sie sich
um,
schaute
lange in das
Feuer,
bis ihr Gesicht
rot
ward.
Sie dachte an den dunklen Gesell,
wo
er wohl hin war
und an das
güldene
Meiden,
das sie selbst war,
eine Strohpuppe,
die im Feuer ver
brannte.

Sie zog
ihr
schwarzes
Hemd aus,
legte sich
schlafen.
Das Feuer im
O
fen
war klein gew
o
rden,
knisterte l
eis
e.
Sie ging im
Traum
auf die
Reise.

Wenn doch
der Himmel
über
mir
zuwachsen
würde und
herunter
ranken,
auf dass ich
geborgen
wäre,
wie in einer grünen Laube
(wie in einem eigenen Lande)
und reimte.

Im Sei
n
ein Stei
n,
im Wer
den
ein Ver
gehen,
im Kom
men
ein Gehen,
ein Hin
weg
gehen,
ein Hin
ü
ber
kommen.

**Warum denn
auch**
ging
ich
durch
Gärten
spazieren?
Warum
verlor
ich mein
Kleid,
unmerklich?
Die Haare und
meine Haut?
Was
blieb
von mir
waren
Knochen.
Ich hockte mich hin,
pflanzte Blumen.

(Februar 2009)

**Ich mochte
mich nicht an sie
kuscheln.**
Da war diese
Schürze,
die ihren Unterleib
schützte,
Blut
beschmiert.
Sie wischte Hände,
Messer
an dieser Schürze ab,
das Blut.

Wenn es
spritzte,
war es auf der Schürze
zu sehen,
ein roter Fleck
breitete sich aus,
wurde größer.

Ich sah einen riesigen
Blut
Fleck
und das Messer
in ihrer Hand.
Sie rieb das
blutige

(Auge)
Messer
an ihrem beschürzten
Schenkel.
Ich mochte sie nicht
anfassen,
noch nicht mal die Hände.
Sie lachte immer gern,
scherzte,
aber manchmal sagte sie auch,
dass das
Leben
hart
sei,
und dass man auch gegen sich selbst
hart
sein müsse.

Vater
war so
normal
wie
Mutter.

Wenn der
Schlächter
käme, erzählte mein Kollege,
der auf dem Dorf wohnte,
hänge um seinen Bauch eine Schürze,

die rundum mit
Messern
bestückt sei.
Bevor er die
Schweine
kille,
trinke
er eine halbe Flasche
Schnaps.
Danach rühre er in der
Wanne mit
Blut.
Er hole dann seinen Arm,
der bis zum Ellbogen
im Blut steckt, heraus und frage,
wer
lecken
möchte.
Dann trinke er wieder
Schnaps.
17 Schweine
wurden für die umliegenden Bauern
abgestochen.

Die Camper
würden sich ihre
Koteletts holen.
Bei meinem Kollegen selbst befinde sich auf dem
alljährlichen Fest

ein Schwein
auf dem Rost.
Mutter
war mit der Hand drinnen,
im ganzen Körper.
Sie holte jedes
Organ
hervor,
entleerte
den Körper vollständig
aus einem
Loch
zwischen
den
Beinen.

Der Körper lag da,
leer
ohne sein Federkleid.
Die Federn
waren aus der Haut
herausgerissen.

Ich sehe,
wie das
Herz
auf dem Tisch liegt,
die Leber,
die Niere,

die abgetrennten Beine.
Alles
verliert
seinen
S
In
n.

Wenn der
Apfelbaum
Birnen
trüge,
die Müdigkeit
über die Felder zöge,
jemand den Pflug hinter sich her zöge
im Schweiße seines Angesichts.
Das lange, weite Kleid
schwarz,
die Strahlen der Sonne
weiß und glitzernd.

Wenn die Ackerfurchen
unendlich wären,
erst im Himmel verschwänden.
Wenn der Pflug ein
Fluch
wäre,
ein
Schatten
aus staubiger
Asche.
Erst verflöge,
bis die Frau den Himmel sähe
und dieser
blau
wäre wie das
Meer.

Die Ackerfurchen
dahinschwömmen
wie
Wellen.
Narben
ihr auffielen,
die auf der
Wasseroberfläche
lägen,
abzunehmen wie
Gräser.
Später
verwelkten
sie,
gerieten in
Vergessenheit.
(Vogelgeschrei)

Wenn die Frau das lange,
schwarze
Kleid
auszöge,
nackt
badete,
den Himmel
anbetete,
sähe,
dass dieser
blau

wäre.

**Sie aßen
das Brot,**
tranken
den Wein,
schließlich
berührten
sich ihre
Hände
und alle ihre Gaben,
als die Nacht
fiel.

**Wenn die Liebe
auf einer
Wolke
kommt,**
sich zwischen deinen Beinen
niederlässt,
du nicht mehr im Hier und Jetzt
bist,
sondern im
Niemandsland.
Ohne
Fesseln
und
Anker
in dein
Glück
sinkst.

Wenn du
schreist,
weil der Himmel voller
Sterne
steht,
das
Rauschen
der
Blätter
in dein
O

hr dringt,
der
Nachthimmel
dir
tausendfach
Blüten
schenkt.
Wenn
lautlos
Worte
fallen,
die du
singst,
bis dein
Leid
in die Erde sinkt
und der Tag dir
den Finger auf die
Lippen
legt.

Weiß
ist die
Chrysantheme,
auch sie
welkt.

Weiß bleibt im
Gedächtnis.
Der Mensch erkennt es wieder an Kleidern,
an Kalk
und Kreide,
weißen Blumenvasen.
Das Weiß leuchtet.

Auf einmal kommen sie angerückt,
alle Farben.
Sie sagen:
Wir sind auch noch da!

Plötzlich will alles
Ewig
sein,
nichts will
vergangen
sein,
während es doch sichtlich
vergeht.

Stetig

neu
entflammte Farben,
ein
frisches
Rot,
ein
leuchtendes
Gelb,
gerade frisch auf den Markt geworfen.

Weiß ist die
Rose
im Himmel
mit einem
Lächeln
im Gesicht.
Sie spricht:
Versöhne
dich nicht mit den Farben.
Sie
beschweren
dein
Gemüt.
Sei
aufgeblättert,
dufte!
Lass deinen Duft ausströmen in die Welt.

Weiß trägt die Hoffnung der

Verwandlung.

Alles in allem.
Ich liebe dich! sagte der Freund zum
Taugenichts,
dieser stand auf,
sagte:
Guten Tag!
Wie schön,
dass du mich erkannt hast,
ich bin dein
Freund
und
Bruder!
Beide
umarmten
sich.

Ein Sturm
brachte den weißen
Stein
am
Strand
ins Rollen.
Dass er nun zu Hause lag,
machte es auch nicht besser.

Soll das weiße Kleid
gegen das

blaue,
das
seeblaue,
das
knallblaue,
das
tiefblaue
eingetauscht
werden?

Mörtel
auf deinem
Gesicht,
wie auf einer Wand
rieselt,
klebt,
SS.

Ein türkischer Schüler
aus dem Förderunterricht
hat mir doch einen
weißsilberfarbenen
Kugelschreiber zum
Abschied
geschenkt.

Einem russischen Schüler
sagte ich immer wieder,
dass sein

Kopf
gut
sei!
Er war überzeugt,
dass sein Kopf
Schei
ße
sei!
Schlug
ihn.
Letztlich hat er mir doch ein bisschen
geglaubt,
und mit der
Zeit
vertraute
er seinem
Kopf.

Weiß ist die
Fluglinie.
Weiß ist die
Fliege
auf braunem Hemd.
Nazibraun.
Weiß ist die
Brücke
zum
Nirwana.
Weiß ist die Blume der

Freiheit,
des absoluten
Nichts,
der
Sorg
losigkeit,
der Hoffnung an allen Orten.
Der
Friedfertigkeit.

Müde
treibt das
Wesen
vor sich hin.
Blau
im
Nichts.

Ilse
Aichinger sagte,
dass es besser sei,
wenn Wünsche
unerfüllt
blieben.

Weiß
ein
Zeichen
von

Frieden.

Gerald und Janina getroffen,
sie saß auf seinem
Sch
o
ß
hnter ihrem Flohmarktstand,
sie sitzt oft auf seinem
Sch
o
ß.

**Schwarz
und
silbern
ist der
Kuss,**
niemand lenkt den Fluss.
Unaufhörlich
im Schatten der Nacht,
hab ich an dich gedacht,
dich singen gehört
im August der Träume.

Unauffällig
hebt und senkt sich die Brust,
Wachholderbeeren.

Der Speer geht nieder,
Zittern
in der
Brust,
Hoffnung
ist
Lust.

Augenblicklich
fährt der
Blitz
in dein Haus,
sticht

dich
nieder.

Wenn die Nacht kommt,
wird es
Winter.

Wenn der
Sommer
kommt,
kalt.

Wo bleibt der
Herbst
in Blüten?

Berauscht
vom
Wein.

Die Vögel
zwitschern
in grüner
Natur.

Es ist
Sommer.

Wann kehre ich nach
Deutschland
zurück?
Das sein

Maul
geöffnet hielt,

um Millionen
Menschen
zu
verschlingen.

Immer noch
geöffnet hält,

um Menschen
zu verschlingen.

Wenn es sein Maul schließt,
kehre ich
zurück
nach
Deutschland.

Aber wann wird das sein?

(Juli 2011)

**Schwarz
wie die
Nacht,**
hat jemand
des
Kindes
gedacht,
ge
lacht.

Blau
wie der Himmel,
lag das Kind
frisch
gebadet
im Bett,

bis es keine
Luft
mehr bekam,
denn der Himmel
brannte.

Jemand
lag auf dem Kind,
ver
brannte
es.

Musik.

Sch
War
z
wie die Na
cht,
hat das Ki
nd gedacht:
Wo
B
in ich?

Geschr
ie
n
hat es
wie am Sp
ie
ß:
Wer
ist d
a?

Ein
sam
keit
im
H
Erz
en,
Fr
O
st
im Schn
ee.
Ich hab`s am Herzen,
Einsamkeit
T
U
t w
eh.

Wenn
Heimat
nicht mehr
auf deinem Zettel stünde,
du über
All
zuhause wärst,
ohne Bl
Eibe,
dich stützen könntest
auf Himmel und Erde.
Ein
Fach
heit
dein
Z
immer
wäre.

**Wenn die
Kastanie**
dir in den
Mund
flöge,
du sie
lutsch
Test
wie
Kirschen.

Der
Kirsch
Saft
in deinen
Adern flösse,
hungrig
vertilgtest du
den
K
Er
n.

Auf seidenen
Füßen,
der Bauch
hohl,
die Erinnerung
schal.

Die Hoffnung
lässt
sich gehen,

nicht
zu sehn,
wie
die Sonne,

betrübt,
bewölkt.

Nur,
wenn das
Dunkel
vollends
heraus ge
lassen
wird,
kann es
voll
End
s
hell
w
erden.

**Gott
ist**
mein
Freund,
ihn
zuge
lassen,
ihm
ge
Öffne
t.

Er
ist
d
a,
Im
mer.

N
ur
h
eu
te
ist
er
aus
gegangen,
wie

ei
n
Freu
nd.

Die
Zeit
flie
ß
t
in
mein
Her
z,
ver
strömt
einen
ü
blen
Ger
uch.

**Der
Hu
sten
du
rch
bellt**
die N
acht.

Da ist noch ein
Rau
m
hin
ter d
er
Nacht.

K
einer
wei
ß,
wie weit
er sich ausdehnt,
die W
an
d
ist durchl
ö
chert.

Als ich dich s
ah,
wurde der Sch
merz
gro
ß,
die Leichtigkeit
schwer,
Bu
tter im H
als
ertrug ich nicht m
Ehr.

Hin
aus!
Hin
ab!
Hin
über!

Wenn die Zeit
in den Himmel
ragte.
Der Glanz
der
Ä
pfel
po
liert wäre.
Der H
Unger
Ü
ber die Steppe
griffe.
Die Wanderv
Ö
gel
Her
abfielen.
In ihrer T
O
desst
U
nde
sich an den sc
harfe
n Kanten
der D
ü

rr
e
schnitten.

   Wenn
die Liebe
 zeitlos
wäre,
(bis die Liebe wanderte ins finstre Tal),
Gemeingut wäre.

   Wenn
die Hoffnung
mein
wäre,
ich nicht wanderte im finstren Tal.

   Wenn
Schlingen
nicht
mehr
um Hälse
lägen,
Liebe allerorts
frei wäre,
Freiheit
gesät würde
wie Blumen i
n der Wiese.

   Wenn
die Zeit
die Augen

verlässt,
der August im Himmel
Oktoberstürme auslöst,
der Verlierer
am Baume hängt,
Blut
auf deine nackte Brust
tropft,
auf
deinen
Körper.

   Ungläubig
leckst
du es von deinem
Finger,
hörst
dem Mond zu,
der
herunter
fällt.

Kinder
mörder
unterwegs
sind,
die Hoffnung i
m Ch

ao
s
Ende
t.

    Wenn
der Abend
gen Himmel
w
eint,
die Rosen
zud
Eck
t.

Die Hoffnung
Schl
Ä
ft
im J
ah
r deiner Feinde,
Silbe
rn
geht der M
o
nd auf.

Heute
Laut
los
ü
ber die Tre
pp
e
gegangen.

Den K
anal
üb
er
quer
t,
die B
rücke
be
nutzt,.

Stehen
Ge
Blieb
en.
In der Mitte
des Was
sers,
hin
unter

ge
guck
t.

D
ein Gesicht
ge
sehe
n
u
nd
den blassen
Schein
der Hundert
ausend
jährigen.

Grüner
T
Anne
nbaum
im sch
Warzen
Schuh.

Hell
Bl
Aue
Kugel
im rot
geschminkten
M
und.

Daz
wischen
die weißen
Zäh
ne
Sichtbar.

Beißen
gut,
B
Aue
enblut.

Roman
tisch
ist es
im St
All
der
Hüh
ner.

Sch
neit
es
auf ein
aufgeklapptes
Buch.
Die Seiten
lesen sich
im Wein
en
gut,
Bauersbrut.

**Glaubst
du nicht,
du könntest
in die Zukunft
Reis
en?**
Glaub
st
du nicht,
du l
erntest
wie
der lesen?
Glaubst
du nicht,
du k
ö
nntest
die Buch
stab
en
wieder aufheben,
die du
verloren hast?
Weil sie
Zer
stört
waren,
zer

Löcher
t,
zerfallen
in Unkenntlichkeit?
G
Laub
st
du nicht,
du könntest
das W
Ort
wieder
zusammen
setzen?

**Heute
Morgen
Gott**
Ge
Fund
en,
auf der Sand
Bank,
im Stehen,
Lust.

Gra
Vier
end,
erhebend,
Lust,
Unlust.

Gott
in der
Brust,
Lust.

Ach,
wenn
ich mich
doch wir
klich
hätt
und
wär nicht
blo
ß
ein S
chatten.

Ginge
in die Welt
und lachte.

A
ber
die Stadt
mauer
ist rund,
die Kreis
säge
kreisch
t.

**Da
K
ehrt
sie
zurück**,
die Sch
ö
ne,
ohne S
chatten,
ganz fröhlich,
vergnügt.

So hat sie
den Schatten
dr
außen
ge
lassen.

Vor der Stadt,
ausgespe
rr
t.

D
och
lässt er sich
das nicht

bieten
und
wird
sie alsbald
behelligen.

**Der Abend
himmel
wächst**
über
mir
zu.

Dun
kle
Wol
ken
dr
ängen
sic
h zusa
mmen.

Hängen
dicht
über mir.

Gl
eich
fä
ll
t
das Geb
ä
lk

zu
sa
mmen.

Der Jahr
tausend
Wind.
Me
Ine Knochen
werden
zu S
taub.
(Ine ist taub).

Br
Üll
t
der Wind:
Ble
ib stehn!

Rieselt
der Sch
Nee
in mir.

Weiße
Schneef
locken

f
allen,
füll
en
den Körper aus,
ge
frieren
zu
Ei
s.

Will
ich
denn noch
l
eben?

Wenn
die Was
ser
übe
r
die Erde
stiegen.

Das Zutrauen
dir
wegsch
wömme.

Am H
Orizon
t
kein
Himmel
aufstiege.

Die Hoffnung
leer
wäre.

Der Geist
der Zeit
kein Freund.

Und

die Hündin
eine
Füch
sin.

U
nd
die Hüterin
d
einer Seele
gefoltert
würde.

Wenn
es
doch
geboren
würde,
mir
die Hand
reichte
und sagte:
Du bist meine Mutter!
Mir
die Krone
aufsetzte,
so
drückte
ich es
an mich,
wie
n
och kein Kind
dieser Erde
und hoffte,
dass
es nicht
daran
erstickte.

Ich
wäre

zärtlich
zu ihm,
würde
es
wiegen.
Ihm
einen Kranz
fl
echten
aus Gräsern,
ihm
auf sein
Haupt
setzen.

Wir
Tanz
ten
zusammen
einen Reigen
bis das
Gewitter
käme,
uns
das Licht
nähme,
die Wärme,
die Sonnenstrahlen,
Blitz

e
schickte.
Bis dahin
würden
wir
gehen.
Dann
Zu
Flucht
suchen
unter
den Bäumen,
die spät
er
er
schlag
en
würden,
gerade,
dass
wir
die Stätte
verlassen
hätten.

**Der
verfrostete
Boden**
leuchtet
aus
meinen
Augen.
Fr
Ost
in
meiner Ferse.
Frost
in meinen
Füßen,
verfrostete
Füße.

Frost in meinen
Fingern,
Frost in
meinen Brüsten.
Verfrostete
Schul
tern,
Eis
krusten.

Ein verfrosteter
Leib,

Leibschnee.

Verfrostete
Haa
re,
Ha
arschnee,
Haarsch
neien,
Scheren.

Auf
dem
verfrosteten Boden
verfällt
Herbst
laub.

Rot
e
Geigen
sp
innen.

Der Schnee
verfällt
wie die Blätter
im Herbst,
sch

Milz
t
dahin,
wie die arm
e Seele
im
Blu
t.

**Ach wenn
doch die
A
Pf
Elb
lüten**
wie
Tauben
vom Baum
fielen.

Wenn
ich die
jenige,
die mir
vor die Füße
fiele,
auf
hö
be
und sie
davonflöge.

Mit ihr
das weiß
e
Lächel
n
in d

einem geöffneten
Mund.
Sich mein
Mund
schl
össe,
um
den dunklen
Rauch
des
vergangenen
F
euers
einzubeh
Alten.

Es
St
ürmt,
es
schn
eit,
es
regnet,
die
Sonne
Lach
t.

Es hagelt
an dein
regen
nass
es
Fenster.
Die Sonne
klebt
die
Wasser
Spur
en
fest.

Du
heulst,

als
wenn
es
der S
Turm
wär,
der
Bäume
Ausreißt,
ent
Wurzel
t.

Du heulst
wie die
klapp
ernden
Fenster
läden,
zitterst
vor
Kälte,
weil das ganze
Haus
undicht
ist.

Den Türen
fehlen

die Schl
össer,
sie
schlagen
auf,
sie
schlagen
z
u.

Der S
turm
wird immer härter,
kalt
der Wind.
Die Fenster
verlieren
die Scheiben,
dr
außen
kl
irrt
der
Wind.

Am
Abend
werden
sie

d
unk
le
Löcher.

Im
H
aus
gehen
Schatten umher,
das Haus ist
lee
r,
es hat keine
Wände mehr.
(Bände)
(es
spricht
keine Bände
mehr).

Warum bleib
st
du hier,
bis das D
ach über dir
bricht?
G
eh d

och
hin
aus!

**Der Abend hat
seine Gebärde**,
das Knie
sein Gelenk.

Dein Mund
ist eine süße
Traube,
zieht
aufs Sch
afott.

Das H
Erz
hebt sich,
das
Herz
senkt
sich.
Die W
Orte
fliegen
hin
und
her,

Unhörbar
rauscht
der Fluss.

Die
Nebel
Sieg
en.

Le soir
a son geste,
le genou
son articulation.
Ta bouche
(est une défaite)
est un
raisin doux,
une raison d`être,
part
vers
l`échafaud.

Le coeur
s`élève,
le coeur
s`abaisse.

Les
mots
volent,
font
le va et vient.

Imperceptiblement
murmure
le fleuve.

Les brouillards

emportent
la victoire.

Der
nachtblasse
Herbst,
im See
er
Trunk
en.

Auferstanden,
Gespenster
in den Morgenröten.

Töten
dich
im
Frühnebel
deiner
Hoffnungen,
bläulich
rot
gefärbt.

Eisblumen
p
rasseln
am Fenster
wie Regen
bögen,
bunt,

auf der
H
ochzeit
deiner Kinder.

Eis
zapfen
fallen
wie Schnee
ins Meer.

Be
rühmte
Sehens
Würdig
keiten
helfen
dir den Weg zu
besteigen.

Den Gipfel
hinauf,
der Sonne
entgegen,
die her
unter
fällt,
in deine
Arme,

als
du sie
auf der L
Eiter
stehend
gegriffen
und
gleich
Zeit
ig
losgelassen
hast.

Du
hörtest
den Knall,
den Auf
prall,
das G
las
Zer
Split
tern,
das Zer
Schelle
n
der Lust.

O

der
Soll
te sie dich
verbrannt
haben,
deine
Hand
Innen
flächen,
die sich um
den Ball
legten.

D
ie
Arme
Aus
Breit
en,
den Himmel
ent
gegen
nehmen.

Der Himmel kommt
Dir ent
gegen,
barfuß.

Im Regen hilft
die Sonne nicht.

Fahr
räder
angelehnt.
Baumge
flüster.

H
Erb
stblätter
braun
ge
word
en.

Hoffnungsfr
oh
im Alltag
der Sc
heuer
mittel,
Be
Ruf
salltag.

Blaue
r

Regenschirm
über
Kinder
Wagen,
fährt
im Wind
ge
schwind.

Unbe
Hagen.
Sch
Wache
Tage bräunen
in der Sonne,
ziehen
Apfel
Landschaft
en
ins Blau
e.

Groß
artige
Gebirge,
Hoffnungsträger
jeder
Lust,
im Abge

sang
der T
âge.

Im
Ab
Gesang
der
F
Arb(p)
e,
schwarzer
Sp
alt,
fällt,
Licht
im
Nicht,
vornüber.

Gemüts
ruhe
br
ich
t.

Il neige.
J'ai
des pieds froids
dans
ce café
vide.

La musique
neige
dans
ce café
vide,
froid.

Chauffe
le coeur
vide,
froid,
dans ce café
vide,
froid.

Enneigé,
le coeur
vide,
froid.

Aucun
rayon

de soleil.
Un
jour
triste.

Printemps,
été,
automne,
ont
disparus.

Il en reste
une rivière
de tristesse
pour
l'hiver.

Une
grande
blessure.

Il neige
en
moi.

La douleur
en
moi.

Mes pieds
ont froid
dans
ce café
vide.

Es
Schn
eit.
Ich
habe
(Gefühle)
kalte
(kalte Gefühle)
Füße
In
diesem
leeren Café.

Die Musik
Schn
eit
in diesem leeren,
kalten Café,

wärmt
das leere, kalte Herz,

eingeschneit,
das leere, kalte Herz.

Kein
Sonnenstrahl,
ein
trauriger

Tag.

Frühling,
Sommer,
Herbst,
sind
vergangen.

Es
bleibt
ein
Fluss
von
Traurigkeit
für den Winter.

Eine
große
Wunde.

Es
schneit
in
mir.

Der
Schmerz
in
mir.

Meine
Füße
sind
kalt
in
diesem
leeren
Café.

Le
matin
est
encore
jeune.

La pluie
tombe
sur
ta
tombe.
Tu me souris
à travers les fleurs,
qui éclatent
tous les étés.

Je
me
demande,
si
tu
m`entends.

Si
tu
vois
mon
sourire
pendant

la floraison
de fleurs
tous
les
étés.

Mon coeur,
éssoufflé,
fané,
combatte
avec la chaleur.

Ton
lit
était
ma
tombe,
où
tu
m`avais
dis:
Ma
colombe!

Der M
Org
en
ist noch ju
ng.
Der Regen
F
ällt
auf dein Grab.
Du lächelst
mir
durch die Blumen zu,
die jedes Jahr
erblühen.

Ich frage
mich,
ob du mich
hörst,
ob du
mein Lächeln
siehst
in der Blütezeit,
jeden Sommer.

Mein Herz,
Atem
los,
verblüht.

Mein atemloses,
verblühtes Herz
mit der Hit
ze
käm
pfend.

Dein Bett,
in dem du
zu mir sagtest:
„Meine Taube!"
war
mein
Grab.

**La vie
tangue**
en moi.

La nausée
en moi.

Je perds
pied.

La vie
passagère
en moi.

Je perds
mon équilibre,
mon pied
en moi.

La vie
tangue.
La mer
prend
le dessus
en moi.

Les vagues
dancent
doucement

en moi.

Je suis
prise
de vertige.
Une femme
parle
en moi:
Reveille-toi!
Prend-moi!
Mon corps!

J`entends
le bruit
de la mer

La vie
tangue
en moi.

La nausée
en moi.

Un drame
se déroule
en moi.

J`ai
perdu

mon
équilibre.
Il n` y a
plus
de terre.
Mes pieds
sont
sur
la mer.

**Das Leben
schwankt**
in
mir.

Übelkeit
in
mir.

Ich
verliere
den
B
Ode
n
unter
den
Füßen.
Vergängliches
Leben
in
mir.

Ich verliere
(das Glück)
mein Gleich
Gewicht,
den Fuß
in mir.

Das Leben
schwankt.
Das Meer
gewinnt
die Oberhand.
Sanft
tanzen
W
Ellen
in mir.

Schwinde
l
erfasst
mich.

Eine Frau
spricht
in mir:
Wach auf!
Nimm mich!
Meinen Körper!

Ich höre
das Geräusch
des Meeres.

Das Leben
schwankt

in mir.

Ü
belkeit
in mir.

Ein Dr
ama
ent
faltet
sich
in mir.

Ich habe
mein
(Glück)
Gleichgewicht
verloren.

Es gibt
keine
Erde
mehr,
meine
Füße
sind
auf
dem
Meer.

Wenn die Au
gen
mü
de sind,
das Wach
en
m Schlaf
en träumt,
die Kartoffel
schalen
am Boden liegen,
vom G
arten
umzäunt.

Das Licht
sich in der Finster
nis bricht,
die Hoffnung
dahin schnellt wie ein P
feil,
der dir ins Auge springt,
und ein Sp
Litter
in deinen Sch
O
ß sinkt.

**Der Hunger
der Nacht**
kennt keine Grenze
n.

Plötzlich
bist du erwacht,
du zürnst,
klopfst
mit F
äu
sten auf die Brust,
ringst nach Luft.

Du willst etwas sagen,
schrei
en,
heraus
schreien:
Lust!

Der Schrei
Er
stickt,
ein Husten
anfall
drückt dich nieder,
Beruhige dich!
Besänftige

deine Glieder,
schließe
die Augen,
dein Herz fest zu,
damit nie
mand
dich um
bringt.
Auch du dich selbst
nicht.
Lass dich in Ruhe
Sch
Laf
en.

Hör zu.
Hör auf
den Gesellen,
schwarz ist er.

Lass
dich f
allen,
in die schwarzen S
tiefe
l
der Lust.

Aufsteigen

die Qual
der Gebärde.

Du willst
nicht,
du weigerst
dich.
Du hast doch
so gut geschlafen,
nun
liegst
du wach,
ringst
nach Luft.

Sehnsucht
in der Brust.
Du
schlägst
sie
mit
deinen
Fäusten,
bis sie nichts m
Ehr
sagt,
nichts mehr von dir will.

Er

füllung
ist verg
essen.
Be
siegt
in der Schlacht.

Schlafen (d) gebier(s)t (du)
den Morgen,
neu erwacht.
Du
schlägst
die
Augen
auf,
widerst
dich
an.
Leere
in
dir.

Sch
mucklos
(s)prangt die Liebe
im Zauber der Nacht,
herzzerstobener
Frühling
erwacht.
Apfelblüten treiben Kirschen,
wangen
rot
der Wein,
Geister
stunde
oh
ne Reim.

Du kämpfst mit dir
hundert Jahre allein.
Taubstumm
wie ein Berg im Frühling
w
Achsen
dir Blüten,
Reif
en
O
Rang
en.

Es fährt dir das Gedicht
in die Ohren,
Früh
lingsnacht.
In der Nacht
wachst du allein.
In der Nacht er
H
ob sich
ein end
loser Sturm.
Frühling,
die Mutter der
Sehn
Such
t.

In der Nacht lagst du allein,
kämpfst gegen das Ge
biss
deiner Sorgen,
Morgen
Grau
en
allein.

Hinter den Berg
en
ist Frühling.

Im Abend
rot
scheint der Schein,
Morgen
allein.

Schmuck
los prangt
die Liebe
(am Pfahl
von Tausend
und einer Nacht)

Übers
Wasser
getragen
wurdest
du,
abgesetzt
an Land,
blickst du dich um.

Die Wa
sserfläche
liegt dunkel und glatt,
kalt und drohend.
Für dieses Mal
bist du ent
kommen,
niemals
willst du mehr
zurück

Wer hat dich getragen
übers Wasser?
Wer war der unsichtbare
Gesell?
Nun liegt der Weg
vor dir.
Dunkel
ist die Nacht.

Eine
über den dunklen See
fliegende Gans
schreit.
Das Ackerland
liegt
ohne Bäume.

Ein wilder Gesell
bricht
e
ines Tages
bei dir
ein,
findet dich fein gebadet,
schlafend wie eine K
uh.
Er schlachtet dich,
fr
isst dich,
sagt:
Muh,
du Kuh.

Warum gingst du nicht
hinaus
auf die
Weide?
Er zerstört
dein Haus
und deine
Ruh!

**Ach wenn ich doch
den Schatten**
aufheben
könnte,
mir anstecken
wie eine Br
osche,
die ich nicht ver
löre,
bis meine Brust wund wäre
und die dunkelroten
Gr
Ana
tsteine
in meinen Körper
fielen,
sich auflösten
und mir ihr Blut schenkten.

Wenn die Tü
R(r)
en
zuschlagen,
das Gewitter
losbricht,

wenn dir kalt
wird,
die Kerzen
ver
lösch
en,

schwarz
gekleidet
wirst du am Küchentisch
sitzen,
dein B
rot
essen.

Bis ein Wanderer
an deine Türe
klopft
und
dein
Kleid
sich

verwandelt,

ihr das Brot teilt,
das Bett und den Schlaf,

dir
Hoffnung gibt,
wie einem Tier
etwas
zu
trinken.

Wenn das Tier nicht
irr(r)e gewo(o)rden ist,
weil die Durststrecke
zu lang war

und nicht
auszuhalten,
wird es den Wein nicht umst
oßen.

**Morgen würde sie
Sp
Re(Ä)chen**
und
sehen.

Morgen war Frühlingsanfang,
die Wiesen
grün.

Gänse
blümchen,
Butter
Blumen

blühten.

Es wehte ein frischer Wind,
am Baum saßen
pracht
voll
alle
Blätter.

Morgen würde sie
Äpfel pflücken,
Körbe voll.

**Wenn ihr
keinen Himmel mehr säh
et,**
die Nacht
in euren
Ade
rn
flösse
wie schwerer Wein,
ihr vor dem Ertrinken
wäret,
niemand euch
rette
te.

Sich doch
eine Tür
öffnete,
in die ihr hinein
schlüpf
tet,
hinterher feststelltet,
dass es nur
ein Tür
rahmen war.

Die Dunkelheit
nach wie vor
bei euch

zu Hause wäre,
sich ausbreitete,
wie ein weißes Land aus weißen F
Ed
ern.

Euch blendete,
bis kein F
euer mehr in euren Augen leuchtete.
Eure Hoffnung
Er
Blind
ete,
Feuer
nur noch
in den Augen der Sterne
leuchtete.

Na ja,
dat war er.
Er, der.
Na ja,
er, der.
Der eben.
Eben auch einer.
Dat war einfach im Eppendorfer Weg.
Darf man doch mal nennen,
nen Straßennamen.
Is ja nun mal so
gewesen.
Ja, is ja gewesen
und wat gewesen is,
bleibt
dennoch,
auch wenns schwerfällt,
auch
wenns manchmal
schwerfällt,
deswegen kann et trotzdem vergangen sein.
Na und so weiter.

Meine Süße sagt der zum Hund
und guckt mich so an,
als wenn er Bestätigung brauchte
dat dat doch wohl erlaubt sei.
Da sage ich *Ja* ‚als ich vorbeiradel….
Na ja und dat wars.

Nix Aufregendes,
nur ein Penner,
ein Besoffener,
ein Besoffener mit Hund.

Na ja und da ist er schon weg aus meinem Gedächtnis.
Na ja und da radel ich später
doch wieder an dem vorbei
und hab dat gar nicht bemerkt nich,
bis dat hinter mir spricht.

Und da denk ich,
warum sollste nich warten?!
Nur nich flüchten!
Muss eh warten bis es grün wird,
aber hätt ja bei Rot über die Ampel können,
denn et war ja Sonntag,
Und der Verkehr hätt dat zugelassen.

Da kommt der doch dicht an mich ran.
Ich wollt den auch nicht wegstoßn,
immer gleich so.
Da legt der doch seinen Arm um mich,
und der war besoffen man,
und küsst mich in mein Haar.

Da hab ich nun meinen Kuss hängen
und sagte *Oh je!*
Und der sagte *Na und!*

Als ob ich Bestätigung brauchte,
Dat dat erlaubt sei wohl.

Zum guten Schluss ward die Ampel (rot)grün,
da war ich schnell weg auf dem Fahrrad
und hatte den Kuss hängen im Haar,
dem seinen Kuss,
dem besoffenem Penner seinen Kuss.
Da fuhr ich damit auf meinem weißen Fahrrad,
da ging der Kuss auf wie eine weiße Blüte,
eine weiße Kirschbaumblüte in meinem Haar.

Alle, die mich sahen,
dachten es is Frühling,
denn sie hat ne weiße Blüte im Haar,
ne weiße Kirschbaumblüte,
denn is Frühling.

Is ja wohl Frühling sag ich

**Für den,
der stundenlang,**
tagelang seine Stirn
gegen den Baum lehnt.

Für die,
die ihre Hände in den Schoß legt,
bewegungslos
sitzen bleibt,
stundenlang, tagelang.

Für den,
der immer und immer
zu Boden fällt,
sicht hinwirft,
immer und immer.

Für den,
der eine Uniform anzieht,
immer wieder seine Hand
zum Gruß
an seine Mütze hält,
immer und immer
wieder.

Für die,
die sich in eine Ecke
hinhockt,
nicht mehr aufsteht,

stundenlang,
tagelang.

Für euch,
die ihr nicht mehr
sprecht.
Für euch,
in einem afrikanischen
Krankenhaus.

**Nur einen Mo
ment**
   für die Li
ebe.
Nur einen Mo
ment,
   um zu v
ögeln.
Nur einen Mo
ment,
   um dich zu su
chen
   zu seh
en,
   wie du auf dem Holzsteg
   am Fluss entlang
gehst.
Nur einen Mo
ment,
   um dich zu
   vergessen,
Nur einen Mo
ment,
   um mich s
Elb
st
   zu vergessen,
   in das Fenster der W
asch

m
asch
ine
   blickend,
   sehen,
   wie die Wäsche
   rund läuft.
Nur einen Mo
ment.
   um mich selbst
   zu sehen,
   sch
mutzi
g
   in der Kleidung.
Nur einen Mo
ment,
   um zu trocknen.
Nur einen Mo
ment,
   um mich zwin
kern
   zu sehen,
   in der schmutzig
   lächeln
den Kleidung.
Nur einen Mo
ment,
   um mir zu

zu
zw
inkern
   durch das Glas,
   hinter dem die schm
utzige
   Kleidung
   rein gewAschen
   wird.
Nur einen MO
ment,
   um meinen Zeige
finger
   auszu
strecken::
   DU!
   Du bist schm
Utz
ig,
   böse!
   Du bist der W
Olf,
   der mich gebi
SS
en hat!
Nur einen Mo
ment,
   um zu sehen,
   dass niemand

    da ist.
Nur einen Mo
ment,
    um zu sehen,
    dass ich voll
kommen
    alleine
    bin.
Nur einen Mo
ment,
    um zu
    merken,
    dass
    der Wo
    lf in
    m
    i
    r
    ist.
Nur einen Mo
ment,
    um festzustellen,
    dass du das
    weißt.
Nur einen Mo
ment,
    um festzustellen,
    dass jeder
    von einem Wolf

   in uns
   gebissen
   wurde.
Nur einen Mo
ment,
   um
   achtzugeben.
   Acht
   zu
   geben.

Aber drau
ß
en
sind Blitz und Donner,
die Nacht ist dunkel
kalt,
es regnet
in Str
ö
men,
Wo
hin
in dem Wald?

Ackerfurchen
Rund
herum,
das n
ächs
te Haus
ist weit ge
legen,
d
och m
ach dich auf!

Du wart
est
bis es Morgen wird,

da siehst du im L
icht
dein zer
brochen
es Haus.
Hier kannst du nicht mehr
bleiben:
Hinaus!

Du schn
ürst
dein P
äck
chen,
brichst auf.
In schwarzer Seide
läufst du über den Acker,
weißt nicht
wohin.

Schließlich kommst du
an ein Haus,
weit gelegen,
klopfst an.
Dir wird aufgetan,
du darfst
dich
wärmen,
Brot und Suppe stärken dich.

Aber dann musst du
wieder hinaus
über den Acker,
weiter
gehen
über den Acker,
immer noch weitergehen
über den Acker,
du ahnst
die Stadt.

In einem
der vielen Häuser
wirst du eine Bleibe finden,
kannst du dich verst
Ecken.

In Be
Rühr
ung
kommen
kannst du nicht,
denn
du bist ge
zeichne
t
mit einer schwarzen Hand,
die
kann nicht schreiben,

nicht lesen.

Auc
h die St
adt hilft dir nicht.
Du kannst nicht mehr leben.
Du hast keine Hand.

K
ehrst wieder zu
rück
in das verlassene
Haus.
He
ulst
nie wieder,
wenn der Wind we
ht,
wenn er stärker wird
und st
ürmt,
wenn die Sonne
scheint,
lacht,
die Wassert
ropfen am Fenster k
leben.

Die Nacht
Sch
reitet
fort.
Das Tageslicht
blendet.

Nicht in der Zeit sein,
hinausgew
orfen sein,
aus der Zeit der
Glück
lichen Dinge.

In der Zeit sein
H
ält die Dinge aufrecht.

In der Zeit sein,
das ist wie ein Pendel,
genau in der Senk
recht
en
und in vollko
mmener Ruhe.

Wie eine M
editation
ver

birgt sich die Zeit
in diesem Pendel,
das in seiner Senkrechten
zur R
uhe gekommen ist.

Die Zeit exi
stiert
in meinem Inn
eren.
Wenn sie mich vollkommen
ausfüllt,
bin ich eins mit ihr.
Das Sein
in mir
kommt
zur
R
uhe.

Die B
lume
bl
üht,
Der Baum
Gr
ünt,
welk ist nur die Brust.

Himmelabw
ärts
st
ürzen
die B
äche
vom Tal.
Bäume
zerbersten,
gespalten
liegen sie da,
wie frisch geschlachtete
Schweinehälften.

Bücher
liegen
auf dem Tisch,
bl
ättern sich
von selbst.

In einer Seite
bleibt
der Staub liegen,
m
üde
tr
eibt das Herz.

Am K
iosk
bez
ahlst du
die l
etzte Seite,
(die l
etzte schw
einehälfte),
w
eiß wie Schnee.
(b
lutig).
Zugef
roren
ist das Land,
Herzt
ropfen
im Schrank.

M

üde
bl
eibt das Ges
etzbuch
liegen,
die Stiefel
ziehn
sich l
eichter an.
Aufm
arschierst du,
morgen
erliegst du.

Leise
rieselt
der Sand
d
urch die Hand.
Weihnachten
unter den T
eppich
gekehrt.
Kein neues
Jahr
in Sicht.
Die Welt
ist stehen
geblieben,

zerrinnt
im Gedicht.

Vom H
ören,
S
agen
bist du
taub.
Dein
Herz bleibt
stehen,
t
ickt
weiter.

Du g
ehst am St
ock
auf st
einernen Wegen,
r
ührst an Papier,
zusammen geknüllt.

Dein Stock
hat eine Sp
itze,
damit sp

ießt du es auf,
f
ührst es zu deiner Hand,
zu deinem Mund,
darin zergeht
das Fl
eisch
deiner Worte.

Zerm
Alm
t
bist du.
Was hast du
Geg
laubt,
Narr!
Du stehst vor einer
Pr
ostituierten!

Sie hält dir
ihre n
ackte Brust hin.
Du trinkst
wie ein
B
aby,
durstig.

L
ässt
du das P
apier
fallen,
sie
tritt
d
arauf.

So weißt
du nicht,
was darauf
gesch
rieben
st
eht.
Sollst es
nie erf
ahren.
B
lind
gehst du,
alter Esel,
d
urch
die G
assen,
ges

ättigt,
gebändigt.

Herzzerr
eißend
st
äubt
der Wind,
du fasst dir
an die B
rust,
zerreißt
dein H
emd,
ringst
nach
L
uft.
Herzstil
lstand.
Herz
Still
St
and.

Aber du gehst no
ch
ein paar T
akte weiter,

dann fällst du
in den Rinnstein.
Abends
in der G
osse
Verlierst du
dein Bl
ut.
Ha
uchst
gegen
Beine,
gesp
reizt,
steht die Pros
tituierte
über dir,
lächelt
triumphierend
in
dein
letztes Gesicht.

Dann sinkt dein
H
aupt,
du lässt es
h
ängen.

Der Stich
im Herzen
tut weh.

Noch
einmal
m
öchtest du
den Kopf heben,
ach,
er fällt
hinab,
rollt
hinunter
die Gassen.

Die B
Rief
taube
st
eckt dir
einen Brief zu.
Ach,
es ist
zu sp
ät!
Du kannst
ihn nicht
mehr lesen!

Du weinst,
niemand
hat mit dir Erb
armen,
du st
irbst.

**Gott vert
raun,**
wie ich dir,
wie du mir.

H
ilf mir!
Ich h
elfe dir!
Wir helfen u
ns.
G
ott
in uns,
hilft
uns.

Geb
ärde der Hände.
H
ungernde retten sich
zu dir
Gott.

Wie die von Kollwitz gem
alten hungernden Hände
ragen wir unser G
ebet
fl

ehentlich zu dir in die H
öhe.

Wir sind verzw
Eifel
t.

Unsere H
ände ragen in die H
öhe,
s
uchen dich,
deine H
ingabe an uns.

Öffne unser Herz
für dich,
für uns S
uchende.

Lass die Verz
weiflung
nicht
unser Herz zer
nagen.

F
üttere uns mit deiner Lust,
mit deiner Hingabe an uns,

an m
ageren, bitteren Tagen.

Zufl
ucht
s
uchen in dir
wir,
die w
ir verzweifelt sind.

Leer
von Erdenl
üsten,
von Gem
einheiten
in uns,
um uns.

Ver
scheuche die zweck
gebundenen G
eister.

Offenb
are dich
in dem Gef
ühl,
dass du uns tr

ägst,
uns w
ärmst,
zu uns sprichst.
Erhöre uns!
Wir sind verzweifelt
auf der Suche nach dir!
Nach deinem Angesicht,
das uns l
euchtet.
Sprich zu uns!

Lass die f
alsche Liebe zerbrechen!
W
ahre auferstehn
Wir wollen mit dir gehen,
mit deinen W
Orten
auf der Z
unge,
die nicht zerbrechen,
Wie die f
aulen K
ompromisse,
die uns abt
öten.

Wir wollen in deiner Liebe wandeln,

ohne B
Oden
unter den Füßen,
im Vert
rauen auf dich,
dass du uns liebst.

Kl
opfe nachts an unsre Tür!
Immer,
auf dass wir dich verstehn.
R
üttel in uns alles wach!
Nimm die Verzweiflung fort!
Mach dir Pl
atz!
Liebe uns!

Lass unser Ge
bet nicht ersticken
in der Unlust!
Dir zu f
olgen,
dich zu hören,
dir zu antworten,
in aller Treue,
entg
egen unserer Unlust.

R
ette unser Herz!
Unsere S
eele,
unseren Geist.
Verhindere den Z
erfall
alles Guten.

Lass uns deine Herzt
öne hören!
Sei uns n
ah!
Verh
indere, dass wir uns entf
ernen,
nur an uns selbst glauben.

Bes
iege unsere O
hnmacht des Gla
ubens!
Off
enbare uns dein Licht,
deine ausgebreiteten Ar
me,
damit wir Fr
ieden fi
nden.

Lass die Leere nicht F
uß fassen
in uns!
Dich zertr
eten!
Deine B
üste zersch
mettern,
als wärst du unser G
ötze.

Gib ihr keine Kraft,
uns zu zersetzen!
Uns zu ermatten,
schöpfungslos,
ferngesteuert.

Möge unser Ge
ist
in dir seine F
reiheit zu suchen!
Seine Geb
orgenheit,
sein Zuha
use.

Lass uns k
ämpfen,
für deine Z

iele und H
of
f
nungen,
die du in uns ges
etzt hast!
Nur, dass wir sie nicht verw
echseln
mit selbsts
üchtigen Hoffnungen
und Zi
elen.
Das zu erken
nen,
gib uns dein Wort an die Hand!

1978 - 1982

**Ge
danken
zer
rissen**
zer
fetzt

Umher
irrend
verlieren
den Anfang
suchen
das Ende

Ge
danken
oh
ne
Brot
Oh
ne
Wasser
hoffend
auf
nichts
verlieren
den Sin
n

finden
den Sin
n
nicht

(1967 und 2017)

**In
die
Irre
Führ
er.**
H
ast mich
verlassen.
Bist d
orthin
gegangen,
wo ich nicht hi
nkann.
(w
ohin
ich
nicht
k
ann).
L
ockst
meine
Li
ebe
mit J
ammerschreien,
um sie zerschellen zu sehen
an den Felsen,
hinter

d
enen
du
lachst,
we
il
ich
nicht
hinka
nn.

Weg
H
acken,
ab
h
acken,
zurück
l
assen,
we
g
gehen,
ver
kaufen,
ab
schütteln,
weg
geben,
ab
schn
eiden,
ver
b
rennen.

K
lagen,
J
ammern,
in Stü
cke
zer
Rissen,
in alle
Winde
Zers
treut.
Klagen,
Jammer,
kaum
vern
ehmbar,
höre ich es.
Auf den S
aiten
des Windes
an mein **Oh**
r
getragen.
Ein Wind,
der sich vor meinen Augen
d
reht,
wen

det,
Sch
leifen zieht.
Klagen und Jammer,
von Verdammten
mir v
orspielt,
auf seinem
In
strument.

**Das gläserne
Kleid,**
ich zerreiße
das Kleid,
ich zer
fetze
das Kleid,
ich zer
beiße es.
Ich rei ße,
rei
ße,
rei
ße,
Risse, Riss
e,
Rriss
e,
Fet
zen, Fet
zen, Fet
zen.
Ich zerfet
ze, ich zer
reiße, ich schla
ge,
ich zer
schlage
das gläsern

gew
ordene Kleid.
Ich
Zerschl
age es,
ich schlage,
schlage, schlage.
Ich zer
schlage sie,
Die Fr
au
aus Glas.

Es ist un
erträglich
in dieser Sta
dt.
Es ist alles aus
G
L
as,
Gl
A
s,
Verw
esung.
Es stinkt
F
ürchterlich,

eine stink
ende
Klo
ake.
Die Fr
Auen
aus Glas
blicken
ger
A(a)de
aus,
st
arr,
mit weit
geöffneten
Au
gen
aus Glas.
Ich sch
lage jetzt
dein Kleid ein.

(1981)

Der
Tag
bri
cht
an.

I
C
h
kehre
zurü
ck

vom
W
Arten.

**Du hieltest mir
ein Kleid
hin,**
sagtest:
*Hier nimm!
Zieh das Kleid an,
es ist deins!
Es ist
das Hexenkleid,
du bist
(eine Hure)
eine Hexe.
Es passt dir,
es passt zu dir,
dass du eine
Hexe
(Hure)
bist!*

Ich nahm
das Kleid
aus seinen
Händen,
besah
 es.
Es war ein schwarzes
Kleid,
wie ich
es immer trug.

Etwas
anders
gearbeitet,
ein anderer
Schnitt.
Vorne
eine lange Knopfre
ihe,
bis hoch zum
Hals,
bis runter zum
Saum,
schwarzer Georg
ette.

Es erinnerte
an ein Kon
firmations
kleid,
das Kle
id
einer Kloster
schü
lerin,
einer Klo
steror
(Klostertor)
densfrau.
Ich zog es ü

ber.
Es war nicht m
ein
S
til
und
doch,
dieser hoch
geschlos
sene Kra
gen,
die lange
Knopfreihe,
hatten et
was Faszi
nieren
des.

Aber ich fü
hlte mich sehr
Ein
sam
in diesem Kr
eis,
Ver
lassen.

Plö
tzlich war es leer um mich.

Der Fuß
boden war
schwarz,
um mich war
ein Kr
eis geschlagen.

I
ch wusste, dahinter
lag die Wel
t,
jen
seits des Kr
eises,
aber sie war entrückt.
Sie war ein
Traum,
m.

(1981)

**Wo
ich
gehe,**
sehe
ich etliche, die ich kenne,
im Land Leben
und et
liche
im Land Tod.
Wed
er befinde ich mich
im Land Leben,
noch befinde ich mich
im Land T
od.
Mein Land heißt weder
Leben,
noch heißt mein Land
Tod.

Ich
gehe
auf dem schmalen Streifen
daz
wischen,
links von mir ist
das Leben,
rechts von mir ist
der To

d.
Links von mir ist
das Land Leben,
rechts von mir ist
das Land Tod.

Ich gucke wohl nach
rechts,
ich gucke wohl nach
links.
Ich sehe in
das Land Leben,
ich sehe in
das Land Tod.

Z
wingt
mich
nicht
zur Entsch
eidung.
Zwingt mich nicht
zum Leben,
zwingt mich nicht
zum Tod.
Lasst mich
in meinem Land leben,
dem Land zwi
schen

Leben und Tod.

Ich kann mich noch
nicht entscheiden
zwis
chen
Leben und Tod.
Lasst mich frei
entscheiden
zwischen
Leben und Tod.

Bishe
r entschi
ed ich,
dass ich noch gehe
auf dem sch
malen
Streifen
zwischen
L
E
ben und T
o
d.
Lasst mich
noch gehen.
Lasst mich noch
Weite

r
gehen,
je
den Tag,
je
de Nacht,
weiter
gehen.

Wenn ich stehen
bleibe,
aus
ruhe,
sehe
ich etliche,
die ich kenne und nicht kenne,
im Land Leben,
sehe
i
hn
en
zu.

Drehe ich mich
Um,
sehe in
das Land Tod,
sehe,
die ich kenne (kannte)

und die ich nicht kenne.
Sehe
ihnen
zu,
pausiere,
gehe ich wei
ter,
bin b
isher immer weit
erge
gangen.

Ich kann mich nicht
häuslich ein
richten
zwischen
dem Land Leben,
dem Land Tod.
Es gibt hier auch keine Häuser
oder so etwas wie Brot.

Ich gehe,
ich denke.
Es tut weh,
dass ich nicht leben kann.
Es tut weh
angesichts
des Todes,
mein

es Tod
es.

Ich mö
chte Hil
fe,
aber ich kann sie nicht an
nehmen,
mich aus
liefern,
mich fall
en lass
en,
mich hin
geb
en,
Ver
trauen hab
en.

Ich hab
e kei
n Vertrauen,
kei
ne Hof
fnung.
Ich habe kein Land.
Ich wohne nicht in dem Land.
Ich gehe auf dem schmalen Stre

ifen
außerhalb,
dem Streifen zwisc
hen
dem Land
Leben,
dem Land
Tod.

I
ch bi
n hierher ver
trieben,
i
ch kann nirgend wo
ander
s sein.
Ich kann eu
er Brot ni
cht an
nehm
en.
I
ch ka
nn aber auch den Tod noch nicht ne
h
men,
i
ch bin hier all

ein.

Ich kann euch er
kennen,
aber ihr sei
d
entfern
t ,
lebt,
seid

Ich bin unsicht
bar.
Ich kann nicht anders sein,
als verlassen,
verloren,
allein,
in dieser Menschen
leere Wüste.

Ich
denke,
wo
ich
gehe,
bin in Gedanken,
kann nicht
anders
sein.

Ich bin
im Land der Ge
danken,
bin
hierher ver
trieben,
ich kann
nirgend wo
anders
sein.

(1982)

„Die Sommerpause in der Politik
geht allmählich dem Ende zu".
Ein Radio
hallt durch die verlassene Wohnung.
Dienstag,
15.8.1978,
„Kurier am Mittag".
Ich war einkaufen.
Wechsle den Pullover.
Es ist draußen plötzlich
Sommer.
Menschen verlassen die Städte.
Es ist einfach nicht denkbar,
dass
plötzlich
der
Krieg
ausbricht,
beschlossen von Männern
in der Sommerpause.
Das Radio
unterbricht
seine Sendung.

**Ach,
ach,
meine Gedanken,**
wo
habt ihr
mich hingeführt?
Düster
sieht es hier aus,
es dunkelt hier.
Wie lang
Wollt
ihr hier bleiben?
Reißt
euch da her
aus!
Reißt
ein anderes Licht auf!
Geht dahin,
w
o
das Licht ist!
Ihr wollt doch
leben!
Kümmert euch nicht
um die dunkle Seite!
Vorwärts,
vorwärts,
immer geradeaus,
lasst

am Wegrand liegen,
sonst wird euch
die Last
zu schwer.

Das Licht flut
et
zu hell
in diesem S
ommer,
aggressiv.
Meine Fenster sind
Ver
hangen,
mein Sommer ist
zu trocken,
zu hell,
zu aggressiv.
Das W
asser ist
versiegt,
ausgetr
ocknet.

Autos
Zerschne
iden
mich,
Kinderstim
men
reißen Qualen
auf in meinem Ge
hirn.
Alle ver

schaffen sich
Geh
ör.
Man will sich ja nur
gegenseitig hören,
gegenseitig erreichen,
im peitschenden
Lärm.

Im Park
suchen
die Geilen
ihr Opfer.
Gierige,
suchende,
fanatische
Blicke.
Hundegebell,
Kindergeschrei.

Schlüssel
gerassel in den Händen
geiler Männer.
Die Alten
Kommuni
zieren
auf den Bänken.
Mehrere,
die keine Bleibe haben,

schlafen
auf den Bänken,
ihre persönliche Habe
in einer Pl
astiktüte.
Man geht
an den Kranken,
Lahmen,
Bettlern,
Alkoholikern,
Drogenabhängigen
vorbei.
Man ist
froh,
dass man nicht in ihrer
Lage ist.
Man verdrängt
diese nieder
gem
achten Menschen,
mit Hab und Gut
in einer Plastiktüte,
verlassen,
vergessen,
verenden sie
ge
sichtslos.

Ver

schwinden
wie Juden, die ver
schwanden,
wie die J
uden,
die abtrans
portiert wurden.
Keiner fragte nach
ihnen.
(Keiner?)
Niemand weiß
etwas.
(Niemand?)
Niemand hat etwas
gewusst.
(Nie
Mand?)
(Mund)

Der Ju
de war schließlich selbst
Sch
uld,
dass er ein Jude
war.
Der Bett
ler hat schließlich selbst
Schul
d,

der Ar
beitslose,
der Alko
holiker,
der Krank
e,
der De
pressive.

Jeder hat Angst,
(jeder?)
S
orgt
für sich.
Am besten
den anderen
nicht sehen,
weg
sehen,
nicht
sehen.
Weg
hören,
nicht
hör
en.

Weiderleben sagt Stefanie.
Ich fühl mich beschissen,
immer dasselbe.

Aber irgendwie häng ich auch am Leben.
Ich weiß auch nich,
das muss doch mal ein Ende nehmen,
aber es passiert nichts,
ich weiß auch nicht.

Im Bett, da fühl ich mich am wohlsten,
da ist es schön warm,
da wird man in Ruhe gelassen.

Ich weiß nicht, was ich machen soll,
es ist alles so beschissen.
Es hilft ja auch alles nichts.
Ich hab auch zu nichts Lust.
Blöd.
Was kann man da denn machen,
ich weiß nichts mehr.

Die anderen reden immer miteinander.
Ich hab da immer keine Lust zu.
Ich müsst mich ändern,
aber wie?
Das ist ja auch nicht so einfach!
Was soll ich nur machen?
Ich bin immer nur traurig.

Tagsüber geht das ja,
aber abends, da ist es ganz schlimm,
da geh ich nich mehr aus dem Haus
oder da muss schon was Besondres sein.

Günder, der arbeitet immer.
Ich weiß nicht, wie der das macht,
das könnt ich nicht,
da würd ich verrückt
und dann noch so blöde Sachen.

Das kann ja auch nich in Ordnung sein.
Da kann ja auch irgendwas nicht stimmen,
wenn jemand immer nur arbeitet.
Aber ihm macht das nichts, sagt er.
Der fühlt sich ganz wohl,
ich versteh das nich.
Ich könnt des nich.

Der Günder ist immer müde,
der schläft immer gleich ein,
da spielt sich nichts mehr ab.
Ich möcht so gern mal verwöhnt werden.
Der Günder, der streichelt mich nich,
der hat da keine Lust zu,
ich weiß auch nicht, wie das kommt.

Ob der Günder nich der richtige Mann für mich is?
Ich weiß es nich.

Aber ich denk immer,
wenn wir uns trennen würden,
dann würd es noch schlimmer.
So hab ich immer noch jemanden.
Aber so allein,
ich glaub, das würd ich nich schaffen

Der Günder hat sich damit abgefunden.
Der kommt damit zurecht, sagt er.
Komisch find ich das schon,
der muss doch auch mal das Bedürfnis haben,
ich weiß nicht, wie der das macht,
aber irgendwie schafft der das.

Der Günder meint ja,
dass das irgendwann wiederkäm.
Ich glaub da nich dran.
Ich hab da jemanden kennen gelernt,
den find ich ganz nett,
aber nach ein paar Mal,
find ich den schon nich mehr nett.

Das is bei mir immer so,
ich weiß auch nich, wie das kommt.
Das is ganz komisch bei mir,
ich bin ganz unglücklich.
Aber was kann man da schon machen?
Weiderleben.

**Sie wird
mit dem Leben
immer fertig.**
Sie hat sich
immer in der
Gewalt.
Sie reißt sich
zusammen.
Sie nimmt sich
zusammen.
Sie beißt
die Zähne
zusammen.
Sie hält
durch,
sie kämpft
sich
durch,
sie
boxt
sich
durch.

Sie hat sich in der
Gewalt.
Sie hat ihr Leben in der
Gewalt.
Sie
Be

herrscht
es.
Sie meister
t es.
Sie lässt es nicht los.
Sie lässt es nicht
Aus
einander
laufen.

Gew
alt,
Gewalt.
Sie will
Gewalt
los
leben.
Sie will sich nicht mehr in der
Gewalt
haben,
sondern sie will
gewalt
frei
leben.

Aber immer wieder nim
mt sie sich
in Gewahr
sam,

nimmt sie sich
zusammen,
reißt sie sich
zusammen,
bei
ßt sie die Zähne
zusammen,
beherrscht
sie ihr Leben.
Hat sie es in
Gewalt,
fess
elt
sie es,
bänd
igt
sie es,
züch
tigt
sie es,
bringt sie es in ihre

Gewalt.

Je mehr sie sich
Befr
eien
will,
des

to größer wird ihre
Gewalt
anwendung,
ihre Anstrengung,
ihr Leben in ihrer
Gewalt
zu halten.

Durchhalten,
schaffen,
überleben.
Das täg
liche Brot
anschaffen,
„ver
dienen".

Sie m
öchte
Los
lassen.
Sie möchte, dass der
Kr
ampf
aufhört,
ihre
Ver
krampfung.
Ent

spannen.
Ihre Hände tun
weh
von der Anstrengung, ihr Leben
fest
zu halten.

Das Leben
festhalten
oder los
lassen,
in den
Abgrund
fallen.

Ich
Muss
mich noch mehr zurück
ziehen,
noch mehr
Auß
en
seite
rin
sein,
noch mehr
ein
sam
sein.
Alles andere ist
Lüge,
falscher
Schein.

Als wenn eine
Schwer
e
Schädigung
Hinter
mir
läge.
    Innere Stimme: *Vor dir!*
Häh! Häh!
Wie das abgeschnittene
Haar,
das hinter mir liegt.
    Innere Stimme*: Vor dir!*
Häh! Häh!
Als wenn ich durch eine
Krankheit
gegangen wäre.
    Innere Stimme: *Gehen werde!*
Häh! Häh!
Als wenn ich die
Eier
Schal
e
zerbrochen
hätte,
raus
getreten
wäre,
auf

erstanden.
Innere Stimme: *Häh!Häh!*
Stimmt doch alles nicht!
   Häh!Häh!
Morgen fühlst du dich schon wieder alt,
   in der alten Scheiße,
recht so ist es!
Häh! Häh!

Schwarz
ist
dr
innen,
schwarz ist
Rück
zug
in die
Ein
samkeit.

Meine Ein
samkeit,
mein Rau
m.

Meine Einsamkeit ist mein Raum,
mein Frei
raum,
mein freier
Raum,
den nie
(je)mand betritt.

Brauchst du diesen Rau
m?

**Ich begegne nur
Männern.**
Zufall?
Sie haben
Hunde.
Es regnet.
Es ist Sonntagmittag.
Die Männer kreisen
um den Weiher,
warten auf
das Mittagessen,
sie
k
ocht.

Ich er
spähe
am Parkeingang
ein Polizeiauto.
Es hält.

Es
Fordert
mich heraus.
Werden sie
oder werden sie
nicht?
Sie werden doch wohl
nicht!

Sie werden nicht
am Sonntag!
Keine falsche Bewegung,
denn ich habe keinen
Hund.
Ich bin auf
Fällig.
Bin ich auf
fällig?

Dass sie es tun,
weiß ich ja,
das
habe ich ja
erlebt.
Aber das war in der Woche,
schlimm
war es natürlich
trotzdem.
Sie
Zwangen
die Kinder,
von ihren Fahr
rädern abzusteigen.
Ihre Stimme kam
drohend
über den
stillen
Weiher her

über,
laut
stark.

Ich möchte stehen
bleiben,
sie
in dem Auto ebenfal
ls heraus
f
ordern,
aber ich traue mich nicht.
Ich traue mich nicht mal mehr,
so
langsam
weiter zu gehen.
Ich mu
ss
Sch
neller
gehen,
als wenn ich
ein Zi
el
hätte.
Zu
Langsam
Gehen
ist bei denen

verdächtig.

Ich glaube immer noch nicht,d
ass sie werden.
Nein!
Doch!
Sie kommen!
Soll ich Platz machen?
Lieb
er nicht,
sonst denken die noch,
ich hätte was zu
ver
bergen.

Das
G
Rünwei
ße
Polizeiauto
fährt im
Zeitlupen
tempo
Dicht
an mir
vorbei,
und er, der Po
lizist,
grinst

mich durch das herunter
gek
urbelte Fenster an.
Keine falsche Bewegung,
sonst fragen die d
ich noch nach deinen Papieren.
Keine falsche Bewegung!
Es sind
Männer,
ich,
ich bin
eine Frau.
W
eil
ich eine Frau
bin,
deswegen auf
fällig?

**Re
gen prasselt
an das Fenster.**
Ich höre Autos,
Sch
ritte,
Mo
peds,
einen Hund,
Ein Auto.

Ich höre Au
tos.
Ich liege auf der Straße,
wenn
gleich
ich in meinem Bett liege.
Ein schwerer Last
wagen
p
oltert auf meinen Herzschlag zu,
auf ihn rauf
und runter,
entfernt sich.

Sie fahren so schnell
und eins nach dem anderen,
andauernd,
fortwährend,

sit, sit, sit,
über den w
eiblichen Körper,
üb
er meinen Körper.

Sie fahren Glass
cherben
in mein Herz,
brechen meinen
lautlosen Schrei
zu Gesichts
verzerrungen.
Der Schmerz
sammelt sich
in meinem Brustkorb,
(Brotkorb),
sch
wer wie Stein.
In der Ferne verschwinden sie,
die Mo
nstren.
Am Ende,
auf der unendlichen Straße,
fahren sie aufeinander.
Sie kommen in Abständen
an meinem Fenster vorbei,
immer, wenn die Amp
el

auf grün umgesch
altet hat,
auf
mich
rauf.
Mit einem Geräusch
schwaden
ziehen sie von meinem Körper,
vorbei,
mein Herz
schlag ist auf
gew
ühlt.

Ich treibe
auf dem d
üstren,
fins
tren,
tose
nden
Meer.
Jeder Atemzu
g
ist ein Weitertreiben
mit der Meereswelle.
Meine Herz
Masch
ine klopft.
Ich treibe
Rett
ung
slos,
verloren,
auf dem düs
tren,
finstren,
tosenden
Meer.

Über
raschen
der
Kälte
Einb
ruch.
Gut, dass ich rechtzeitig
daran gedacht habe,
meine Fenster mit Tesamoll abzudichten.
Gut, dass ich recht
zeitig
daran gedacht habe,
die gesprungene Fensterscheibe
in der Küche
mit Tesafilm
zu bekleben.
Wie gut, dass ich auch daran gedacht habe,
das Klofenster,
das nicht schließt,
rechtzeitig mit Schaum
stoff
und einem Brett
behelfs
mäßig
geschlossen
zu halten.
Wie gut, dass ich mir re
chtzeitig
eine zweite Bettdecke

angeschafft habe.
Und wie gut erst,
dass ich die Kohl
en
schon im Sommer
bestellt
habe.

Die Ha
arspange,
in meinem Haar
ge
wesen,
auf dem Tisch,
von mir
be
nutzt.

Am Fenster
Regenspuren
Getrocknet.

Erinnern an
Lebensspuren,
getrocknet.

An Wän
den,
Mau
ern,
Gegen
ständen,
Gesicht
ern,
Klei
dern.

Hell wird
die Dämm
erung.
Der Regen
spülte
den Staub von ihr ab.

Meine Augen
wandern
zurück
in das Zimmer.

Gehen über
die nackten Dielen,
langsam
weiter,
bleiben
an dem Stuhl
haften,
der alleine steht.

Legen sich
in die
Falten
meines zusammen
gesunken
en
Unter
(leibs)

hemdes,
meiner
Unter
hose
auf dem Stuhl.

Ich habe sie angehabt.
Sie behalten
den Geruch meines Körpers,
der
„ausgezogen"
ist.

Das Telefon
gespenst.

Der Wecker
tickt,
gestellt.

2017

**Die Angst
im Nacken,**
Schweiß
auf der Stirn,
Schweiß
am Körper,
läuft
herunter
an deinen Knochen,
die Kleidung
klebt.

Den Gewehr
lauf
Im Rrücken.
Auf die Knie!
Die Blase entleert sich
unfreiwillig.
Auflecken!

Ein Stoß in den Rücken.
Ein Tritt.
Ein Schuss.

**Wenn deine Tür
eingetreten wird,**
man dich
hinauszerrt,
auf eine
Wiese,
die ein Schafott ist,
schluckst
du vorher eine Pille,
denn du hast
keine Geschwister
in der Welt,
die sich mit dir
solidarisieren.

Wann hört
(das Schwein)
der Schein auf zu sein?
Wann bricht
die Wahrheit ein?
Wann hörst du Millionen
Menschen
stöhnen
in ihrem Leid,
das tausendfach dich entzweit?

**Hörst du
das Schießen**
am Rande der Welt?
Nein,
es ist doch hier,
im Zentrum!
Gebricht
mir das Herz!
Siehst du denn nicht,
dass ich
blute?
Ein Schuss
hat auch mich
getroffen!
Nimm mich i
n die Arme!
I
ch
ster
be!

Milli
onen
Wörter hast du
zu vertraun,
in internationalen Sprachen
und Mundarten
ge
sprochen,
auf
ge
sammelt,
ge
hört,
acht
los weg
ge
worfen.

Welche Freude,
sie wie
der zu ent
decken,
auf
zu
sammeln,
zu putzen,
frei
zu legen,
den Glanz

ihrer Sprache
In der Hoffnung,
der Segen
verstreut
sich überall
auf der Erde.
Verströmt
den Duft
von Blumen,
tilgt
den Blut
geruch.
Heilt
die Wunden
auf deiner Haut,
in deinem Körper,
in deinem Herzen,
in deiner Seele.

Die heilsame Sprache
entwickelt sich
als Balsam
für die Seele,
gegen den
Hass
und den
Blutspuren
des Terrors,
die wort

los
ins Abseits
sinken,
ver
siegen.

**Der Abend
fällt**
ganz
allmählich
slowly
über
uns herab.

Wie
Schön,
wie
mild,
wie
besänftigend.

Hoffnung
wächst
in mir.

Ich haste
von Apotheke
zu Apotheke,
um das dritte,
verschriebene Anti
biotikum
zu er
halten,
das h
offentlich an

schlägt.

Ich
gehe
durch die Park
anlagen,
hinter
der Haupt
straße ge
legen,
die Mensch
en zu
m
eid
en.

Wund
erbar
slowly
slowly
senkt sich der Ab
end.
Ich atme ihn ein.

Hof
fe,
dass die Tab
letten gegen die bei

den K
eime
Proteusmirabilis,
klingt nach Prometheus und Mirabelle
und Enterococcus species,
klingt nach Oktopus und Krokus,
(es wird Frühling)
wir
ksam sind.

Aber be
Reit
s die dr
itte Apo
theke
hat es nicht vor
rät
ig.

Slowly slowly
gehe ich durch den Park,
denn ich kann nicht schneller,
weil die Blase sagt:
Slowly!

Ich ge
nieße den Ab
end,
der sich über den Tag senkt,

slowly,
slowly.

D
Anke
ich der Schöpf
ung für diesen M
omen
t.

D
er
Blase,
die m
ir
den „Abendspaziergang"
geschenkt hat.

Ich frage m
ich,
wie all die Flüchtlinge
in aller Welt,
in Zelten,
es in der Kälte sch
affen?
Haben sie auch Blasen
Ent
Zündung
en?

Bronchitis?
Ja, sie sind auch krank!

D
As
Abend
Dunkel
ist voll
komm
en.

Ich höre n
ur
n
och
die Blase,
sie sch
reit,
sie w
eint,
sie ist ver
zweifel
t.

Plö
tzlich höre ich
au
ch
die V

ögel,
sie zw
itschern,
singen.
Ein wunde
r
Bar
er Ab
End
für m
ich.

Das Anti
biotikum Cefixdura
be
komme ich nicht,
in der fünf
ten Apo
theke
be
stelle ich es.

D
Ur
ch die Str
aßen
gehe ich nach
Hau
se.

Statt der V
Ö
gel höre ich Autos,
Statt der milden,
sanften Luft
Ab
gase.

Die Er
Inner
ung an den
Glück
L
Ich
en M
Omen
t
Bleib
t f
ü
r k
ur
ze Z
ei
t.

Von F.G.R.
Zer
rissen.
Von F:G:R:
Zer
fetzt.

Irre
nd auf vielen Weg
en,
ver
liere ich
ch
den An
fang,
such
e i
ch
das Ende.

Meine Ged
Anke
n,
oh
ne Brot,
oh
ne Wasser,
h
offen

d auf
töten
de Krä
fte,

f
in
den
den S
inn
nicht m
ehr.

D
och pl
ötz
lich ei
n Licht
strahl!
Er
Komm
t w
o
her?

D
och
plötzlich
fassen die Ged

Anke n wieder Fuß.
Sie be
Sorge
n sich
Nah
rung
von über
all her.
Au
s allen Spr
achen lesen sie.
Lernen sie.

Über
leben
in der Tief
see der N
acht.
In der Hell
igkeit des Windes
über
schn
eid
en sich W
Orte.

Gebären sie
Totes.
Totes Flei

sch.
Ohne Hör
igkeit
m Sinn.
Die St
ein
zeit ist vorbei.

Wir
L
eben
im 21. Jahr
Hund
ert,
in der
Freude
des Das
eins
und des Hunger
tods
von vielen Mill
ionen
Menschen.

Von Terror
isten um
geben,
von T
rau

M
Wand
lern,
Men
schen
Fress
ern,
von
Lieb
End
en
in vielen
Arm
en.

Von Ver
lust
und Hoffnung t
räumen wir,
quälen wir uns weit
er.

Die Hoffnung
steht auf halb
sieben.
Ba
ld ist es
ach
t,

dann
neu
n und
Zeh
n,
und vieler
Ort
s
sammeln wir Uhr
zeiten.

W
ollen vergeben,
chr
ist
lich sein.
W
As sagen uns all die anderen
Relig
ionen?
Wollen wir das wissen?
Oder verg
essen.?

W
o
w
o
llen wir w

o
hnen?
In w
Elch
em H
aus
au
f der Erde?
Im Himmel?
W
o
sind wir zu Haus?
O
hne Hemd,
o
hne Dasein,
au
f der Flucht!

V
o
r dem Teufel in Hemds
ärmeln,
mit der Axt in der Hand.

Er will uns ver
wunden,
un
brauch

bar m
ach
en
für die Stille der Zeit.

Wir s
o
llen ihm vergeben,
die W
ü
nsche in uns
erer Zeit.

Verzicht übe
n.
Geh
en auf gläsernen B
Oden,
darunter die vielen T
o
ten,
s
ich
tbar
die Massengräber,
von
O
pfern und T
ä

tern,
alle
Samt
Lieg
en sie in ein
em Bett.
Der Erde in uns,
mit ihr be
grab
en wir sie.

H
offen
ba
ld auf den
Stich
tag,
So
nntag,
die verrückten Zeiten der Welt
zu be
Ende
n.

Der Lieb
e H
Off
nung geben,
aber w

o
 finden wir sie?

Wir sind hier zu H
aus,
angeblich.
Wir sind n
irgends zu Haus,
das müssen wir uns d
o
ch zugeben,
s
o
nst k
ö
nnten wir n
ich
t l
eben,
u
ns an
Schau
n im Gesicht aller T
age,
unsrer gezählten Tage
im Dies
seits,
bis die B
o

mbe f
ä
llt
und den Erdb
o
den zerst
ö
rt
und auch die Kraft der Liebe.

Ring
en wir mit dem T
o
d.
Wir ringen mit dem T
O
d.

Im
U
r
quell des Lebens,
spricht uns der Tod an,
legt uns die Hand auf die Schul
ter
und fl
ü
stert uns l
eis

e ins
O
hr:
Du bist jetzt dran!

Ein zärtlicher Gast
in unserem Haus,
das keine Wände hat.

Er lächelt mich an,
spiel
t mit mein
em Vertr
Auen.

Als ich es ihm gebe,
mein H
Erz,
t
ö
tet er mich.

S
O
ll ich ihm verzeihen?

Ich bin gezeichnet fürs L
eben.
Miss

Br
Au
cht.

Soll ich ihm verzeihen?
Man
che sagen,
es ist der ein
zige Weg,
loszu
lassen,
neu
es Ver
trauen zu fassen
in andere Menschen.

War er ein Mensch!

A
ber
du *musst!* neues Vertrauen fassen!
Auf
bauen!
In andere Menschen!

Nicht alle Menschen sind so!

Hör
st du mich?

Wie w
o
llten wir die Welt ver
ä
ndern,
wenn wir nicht daran glaubten,
dass nicht alle s
o
sind?

(1965 und 2017)

Die Nacht
Bricht
Brutal
Herein.

Über
Fallen
Dich
Tausend
Geister.

Zerfleddern
Dich
Im
Husten
Der
Zeit.

Hoffnung
Gebiert
Sehnsucht.

Vergangen
Das
Abitur.

Die
Reifeprüfung

Im
Vergangenen
Zauber.

Inbrunst
Mit
Inbrunst
Such
Test
Du.

Die
Impertinenz
Der
Schweine.

Im
Jahrhundert
Des
Abstechens.

Brutal
Fällt
Die
Nacht
In
Uns.

Merzt

Die
Hoffnung
Aus.

Finale.
Nacht.

Das
Schwein
Zeugt
Von
Verwundung.

Hochzeits
Nacht.

Im
Winde
Der
Zeit.

Vertreibt
Der
Wind
Die
Sorgen.

Surft
Alleine

Im
Fuß.

Für
Den
Der schuh
Nicht
Mehr
Passt.

Weg
Geworfen
Der
Sinn
Der tage.

Hell
Erleuchtet
Der stern.

Der silberne
Stern
Herunter
Geholt
In
Der
Nacht,
Die
Brutal

Fällt
Mit
Dir
Und
Dem
Stern
In
Der
Hand.

Alles
Liegt
Am
Boden.

Dunkelheit
Über
Dir
Hüllt
Dich
Ein.

Wie
Ein
Schwarzes
Leichentuch.

Darunter
Du

Wie
In
Gebetshaltung
Auf
Deinen
Knien
Liegst.

Weinst.

Abendsonne
Zieht
Dir
die
schwarze
plastikplane
weg.

Die
nacht
hilft
dir
auf
die
beine.

Nicht
jede
nacht

ist
brutal.

Manchmal
umfängt
sie
dich
wie
ein
liebhaber.

Mit
seiner
körper
wärme.

Die
in
dir
deine
körper
temperatur
steigen
lässt.

Bevor
ihr
euch
vereint

einschlaft
im
wachen
der nacht,
die
in der morgen
dämmerung
endet.

Morgen
sonne
euch
anstrahlt.

Hoffnung
Sendet.

Ein
leben
lang.

Wenn
ihr
sie
nicht
vergesst.

in

euren
herzen.

Zerstäubt
der
wind
alles
ungemach.

Ich
wollte
Ter
Mi
ne
m
ach
achen
chen
n

Tat
Sa
Chen
Sch
Affen

Das
Ist doch
Zu
M lach
En

Es gibt
Menschen,
die ak
zep
tier
en
dich nur,
nur,
wenn
du sch,
schw,
schwach
bi
st.

Pst.

wenn
du gar nichts
mehr sagt
st.

Pst.

wenn du
tot
bist.

Tot.

Ich denke an
Hans,
denn er hat hier
immer gesessen,
mit
Lust
seine Zeitung
gelesen, seinen
Milch
Kaffee
getrunken.

Er ist tot.
Ich denke
immer
an ihn,
wenn ich durch den
Park am Weiher
Laufe.

Aber jetzt
nochmal mehr,
wo
ich
hier
sitze,
was ich nicht getan habe,
seit er nicht mehr auf der Erde
weilt,

hier seinen
Kaffee mit mir
getrunken hat.

Ich dachte auch an Susanne.
Sie ist
auch tot.
Aber
Ich sah sie heute in
der Fußgängerzone
Stehen,
plaudernd mit
einer Kommilitonin.

Aber sie war es nicht,
denn sie ist ja tot.

Ich brauchte
nicht näher
heran gehen,
denn ich
wusste ja:
Sie ist tot.

O
ft vermisse ich den letzten
Cappuccino,
den
wir

nicht
getrunken haben.
Jetzt geht das eh
nicht mehr.
Susanne,
ich denk an
dich.

Morgen ist der Geburtstag
meiner Mutter,
aber sie ist tot.

Natürlich
gibt es
keinen Anschluss mehr
unter dieser Nummer.

Du sagtest noch,
du
hättest es nicht
verdient,
auf diese Weise
zu sterben.

Aber dann
hast du dich hinein
geschickt,
wie du es immer vertreten
hattest,

*dann kommt man besser
durchs Leben,*
sagtest
du.

Diese Devise brauchst
du
jetzt nicht mehr
oder
doch?

Elisabeth Badinter
trifft sich mit Simone de Beauvoir,
wenn
sie sagt,
dass
es keinen
mütterlichen
Instinkt gäbe
und dass
die Frau
„universel"
werden sollte,
„devenir femme consiste
à devenir neutre,
donc universel" (Le Magazine Littéraire, Décembre 2016, page 6),

denn Simone de Beauvoir sagte, dass
die Frau
nicht als Frau
geboren
würde,
sondern
gemacht würde.
„ On ne naît pas femme
on le devient"
(„Le Deuxième Sexe",
Le Magazine Litteraire, Décembre 2016, page 6)

Vielleicht
würde es einfacher
auf der Welt,
wenn die Männer
ebenfalls
Kinder gebären würden.
Das würde
doch wohl
die Welt
verändern.

Wahrscheinlich
müssten sie,
die gebärunfähigen Männer,
dann keine
Religionen
mehr backen,
sowie andere
Unterwerfungs-
und
Ausbeutungsszenarien
in die Welt setzen,
so
wie man ein
Kind
in die
Welt
setzt.

Aber wie wird
aus dem
Mann
ein
gebärfähiger
Mann?

Wenn
man das Ganze
einfach mal
ausprobieren könnte
....
Aber
nur wenige Männer
würden es wohl ausprobieren
wollen…
Oder?

Die meisten von ihnen
Wollen
doch
wohl
beim (Be) Herrschen
Bleiben…..

Dreimal
O (m)

Zerstörung
Von
Kul
Tur
Gü
Tern

in
Palmyra

Heu
Te
Fä
Hrt
Ei
N
Poliz
Ei
Auto
Ziem
Lich schn
Ell
In die
Meng
E

Häl
T

Eine große
Roma
Gruppe
Spie
Lt
Sing
T

Die Men
schenme
Nge
App
Laud
Iert

Is t
Begei
Ster
T

Ab
Er die
Po
Liz
Ei störts

War
Um
Wi

Rd
Musik
Ver
Bo
Ten?

War
Um wi
Rd sie
Zerstö
Rt?

Zäh
Lt
Nur
Die
Mu
Sik
In der
Elphi
Als kultur
Gut?

Es sind die kleinen
G
e
s
t
e

n,
die etwas
verraten,
aus
denen
große werden
können,
dann kann es
schlimm
wer
den.

Man
sagt:
„Es schreit zum Himmel"
…

O
Puis
j`ai vu
ce beau film
l`hirondelle
….